Vorwort

Low Carb und frischer Genuss, das passt nicht zusammen? Oh doch! Entdecken Sie die Vielfalt der gesunden Low Carb Ernährung und holen Sie sich erfrischende Ideen aus diesem Buch.

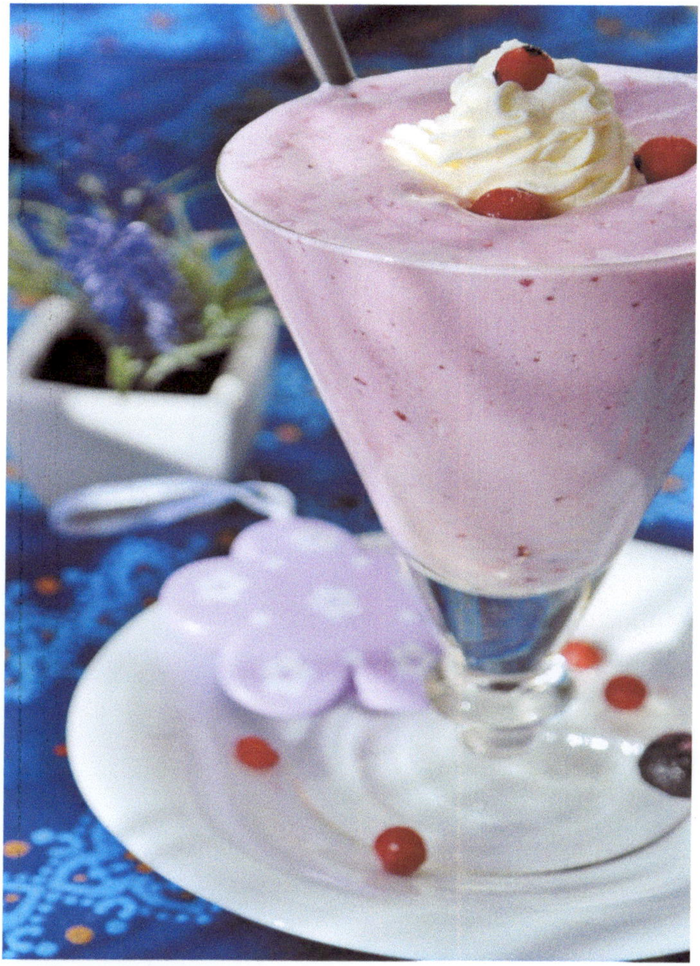

Inhaltsangabe

Vorwort

Cremiges Schokoladen Eis
Ceylon Tee Eis
Himbeere Mascarpone Eis
Blaubeere Eis
Zitronen Pfefferminz Eis
Cremiges Pistazien Eis
Rotwein Verführung
Softes Erdbeer Eis
Kokos Limetten Eis
Schoko Minze Eis
Mandeleis
Melonen Eis
Kühle Vanille Verführung
Chai Tee Sahne Eis
Affenbrot Eis
Gebrannte Mandeln Eis
Himbeer Buttermilch Eis
Leckeres Kaffee Eis
Brombeere Joghurt Eis
Würziges Zimt Eis
Sahniges Erdbeer Eis
Mandelmilch Eis
Kokos Eis
Walnuss Eis

Erdbeer Schmand Torte
Saftige Kaffee Creme Torte
Sahne Schokolade Torte
Heidelbeere Kokos Torte
Mandel Cupcakes mit Vanille Häubchen
Schokolade Himbeere Cupcakes
Kokos Kuchen
Beschwipster Kuchen
Brombeere Macarons
Brownies
Schoko Cookies
Quarkbällchen
Leinsamen Mandelbrot

Nachtrag zum Impressum / Coyright

Cremiges Schokoladen Eis

Zutaten:
50 g Kakaopulver zum Backen
50 g gemahlene Mandeln
3 Eigelbe
Süßstoff
500 g Sahne

Zubereitung:
Etwa 3 Teelöffel Süßstoff mit dem Eigelb schlagen. Die Sahne in eine Schüssel geben und steif schlagen. Nun die übrigen Zutaten und die Eigelbmasse hinzugeben und nochmals zu einer homogenen Masse verrühren. Eventuell nochmals nachsüßen. In eine Eismaschine geben, bis das Eis gefroren ist.

Ceylon Tee Eis

Zutaten
200 g starker Ceylon Tee
Süßstoff
400 g Sahne
3 Eigelbe
Saft einer Zitrone

Zubereitung
Tee, Eigelbe, Zitronensaft, Süßstoff nach Geschmack in eine Schüssel geben und kurz aufschlagen. Die Sahne in eine andere Schüssel geben und steif schlagen. Mit den übrigen Zutaten vermengen und in die Eismaschine füllen.

Himbeere Mascarpone Eis

Zutaten:
200 g Himbeeren
3 Eigelbe
Süßstoff
500 g Mascarpone

Zubereitung:
Etwa 3 Teelöffel Süßstoff mit dem Eigelb schlagen. Nun die übrigen Zutaten hinzugeben und vermischen. Eventuell nochmals etwas nachsüßen. In eine Eismaschine geben, bis das Eis gefroren ist.

Blaubeere Eis

Zutaten:
200 g Blaubeeren
3 Eigelbe
Süßstoff
500 g Sahne

Zubereitung:
Etwa 3 Teelöffel Süßstoff mit dem Eigelb schlagen. Die Sahne steif schlagen. Nun die übrigen Zutaten hinzugeben und vermischen. Eventuell nochmals etwas nachsüßen. In eine Eismaschine geben, bis das Eis gefroren ist.

Zitronen Pfefferminz Eis

Zutaten:
Saft einer Zitrone
1 EL abgeriebene Zitronenschale
100 g Pfefferminztee, stark
3 Eigelbe
Süßstoff
500 g Sahne

Zubereitung:
Etwa 3 Teelöffel Süßstoff mit dem Eigelb schlagen. Die Sahne steif schlagen. Nun die übrigen Zutaten hinzugeben und vermischen. Eventuell nochmals etwas nachsüßen. In eine Eismaschine geben, bis das Eis gefroren ist.

Cremiges Pistazien Eis

Zutaten:
200 g Pistazien,
gehackt, in 1 TL ÖL
in der Pfanne kurz
anrösten und abkühlen
lassen
3 Eigelbe
Süßstoff
500 g Sahne

Zubereitung:
Etwa 3 Teelöffel Süßstoff mit dem Eigelb schlagen. Die Sahne steif schlagen. Nun die übrigen Zutaten hinzugeben und vermischen. Eventuell nochmals etwas nachsüßen. In eine Eismaschine geben, bis das Eis gefroren ist.

Rotwein Verführung

Zutaten:
100 g Rotwein
Saft einer Zitrone
1 TL Orangenschale
50 g gemahlene Mandeln
3 Eigelbe
Süßstoff
500 g Sahne

Zubereitung:
Etwa 3 Teelöffel Süßstoff mit dem Eigelb schlagen. Die Sahne steif schlagen. Nun die übrigen Zutaten hinzugeben und vermischen. Eventuell nochmals etwas nachsüßen. In eine Eismaschine geben, bis das Eis gefroren ist.

Softes Erdbeer Eis

Zutaten:
200 g Erdbeeren, zerkleinert
3 Eigelbe
3 Eiweiße, steif geschlagen
Süßstoff
500 g Sahne

Zubereitung:
Etwa 3 Teelöffel Süßstoff mit dem Eigelb schlagen. Die Sahne steif schlagen. Nun die übrigen Zutaten hinzugeben und vermischen. Eventuell nochmals etwas nachsüßen. In eine Eismaschine geben, bis das Eis gefroren ist.

Kokos Limetten Eis

Zutaten:
100 g Kokosraspeln
50 g Kokosraspeln, gemahlen
Saft einer Limette
3 Eigelbe
Süßstoff
500 g Sahne

Zubereitung:
Etwa 3 Teelöffel Süßstoff mit dem Eigelb schlagen. Die Sahne steif schlagen. Nun die übrigen Zutaten hinzugeben und vermischen. Eventuell nochmals etwas nachsüßen. In eine Eismaschine geben, bis das Eis gefroren ist.

Schoko Minze Eis

Zutaten:
100 g starker Pfefferminztee
100 g Schokolade 85 %, gehackt
3 Eigelbe
Süßstoff
500 g Sahne

Zubereitung:
Etwa 3 Teelöffel Süßstoff mit dem Eigelb schlagen. Die Sahne steif schlagen. Nun die übrigen Zutaten hinzugeben und vermischen. Eventuell nochmals etwas nachsüßen. In eine Eismaschine geben, bis das Eis gefroren ist. Guten Appetit!

Mandeleis

Zutaten:
200 g Mandeln, gemahlen
50 g Mandeln,
gehackt, in 1 TL Öl
in der Pfanne kurz
anrösten und abkühlen
lassen
1 Prise Salz
3 Eigelbe
Süßstoff
500 g Sahne

Zubereitung:
Etwa 3 Teelöffel Süßstoff mit dem Eigelb schlagen. Die Sahne steif schlagen. Nun die übrigen Zutaten hinzugeben und vermischen. Eventuell nochmals etwas nachsüßen. In eine Eismaschine geben, bis das Eis gefroren ist.

Melonen Eis

Zutaten:
150 g Melone, püriert
1 EL Zitronensaft
3 Eigelbe
Süßstoff
500 g Sahne

Zubereitung:
Etwa 3 Teelöffel Süßstoff mit dem Eigelb schlagen. Die Sahne steif schlagen. Nun die übrigen Zutaten hinzugeben und vermischen. Eventuell nochmals etwas nachsüßen. In eine Eismaschine geben, bis das Eis gefroren ist.

Kühle Vanille Verführung

Zutaten:
Mark einer Vanille Schote
30 g gemahlene Mandeln
3 Eigelbe
Süßstoff
500 g Sahne

Zubereitung:
Etwa 3 Teelöffel Süßstoff mit dem Eigelb schlagen. Die Sahne steif schlagen. Nun die übrigen Zutaten hinzugeben und vermischen. Eventuell nochmals etwas nachsüßen. In eine Eismaschine geben, bis das Eis gefroren ist.

Chai Tee Sahne Eis

Zutaten:
100 g Chai Tee, stark
3 Eigelbe
Süßstoff
500 g Sahne

Zubereitung:
Etwa 3 Teelöffel Süßstoff mit dem Eigelb schlagen. Die Sahne steif schlagen. Nun die übrigen Zutaten hinzugeben und vermischen. Eventuell nochmals etwas nachsüßen. In eine Eismaschine geben, bis das Eis gefroren ist.

Affenbrot Eis

Zutaten:
1 Banane, fein zerdrückt
2 EL Backkakao
3 Eigelbe
Süßstoff
500 g Sahne

Zubereitung:
Etwa 3 Teelöffel Süßstoff mit dem Eigelb schlagen. Die Sahne steif schlagen. Nun die übrigen Zutaten hinzugeben und vermischen. Eventuell nochmals etwas nachsüßen. In eine Eismaschine geben, bis das Eis gefroren ist.

Gebrannte Mandeln Eis

Zutaten:
100 g Mandeln
in 1 EL Öl in der Pfanne
anbraten, mit Zimt bestäuben
und abkühlen lassen.
Dann die Mandeln klein hacken
100 g Mandeln, gemahlen
3 Eigelbe
Süßstoff
500 g Sahne

Zubereitung:
Etwa 3 Teelöffel Süßstoff mit dem Eigelb schlagen. Die Sahne steif schlagen. Nun die übrigen Zutaten hinzugeben und vermischen. Eventuell nochmals etwas nachsüßen. In eine Eismaschine geben, bis das Eis gefroren ist.

Himbeer Buttermilch Eis

Zutaten:
200 g Himbeeren, zerkleinert
3 Eigelbe
Süßstoff
300 g Sahne
200 g Buttermilch

Zubereitung:
Etwa 3 Teelöffel Süßstoff mit dem Eigelb schlagen. Die Sahne steif schlagen. Nun die übrigen Zutaten hinzugeben und vermischen. Eventuell nochmals etwas nachsüßen. In eine Eismaschine geben, bis das Eis gefroren ist.

Leckeres Kaffee Eis

Zutaten:
2 EL löslicher Kaffee
Mark einer Vanille Schote
3 Eigelbe
Süßstoff
500 g Sahne

Zubereitung:
Etwa 3 Teelöffel Süßstoff mit dem Eigelb schlagen. Die Sahne steif schlagen. Nun die übrigen Zutaten hinzugeben und vermischen. Eventuell nochmals etwas nachsüßen. In eine Eismaschine geben, bis das Eis gefroren ist.

Brombeere Joghurt Eis

Zutaten:
200 g Brombeeren, zerkleinert
200 g Naturjoghurt
3 Eigelbe
Süßstoff
300 g Sahne

Zubereitung:
Etwa 3 Teelöffel Süßstoff mit dem Eigelb schlagen. Die Sahne steif schlagen. Nun die übrigen Zutaten hinzugeben und vermischen. Eventuell nochmals etwas nachsüßen. In eine Eismaschine geben, bis das Eis gefroren ist.

Würziges Zimt Eis

Zutaten:
½ TL Zimt
50 g Walnüsse, gemahlen
Mark einer Vanille Schote
3 Eigelbe
Süßstoff
500 g Sahne

Zubereitung:
Etwa 3 Teelöffel Süßstoff mit dem Eigelb schlagen. Die Sahne steif schlagen. Nun die übrigen Zutaten hinzugeben und vermischen. Eventuell nochmals etwas nachsüßen. In eine Eismaschine geben, bis das Eis gefroren ist.

Sahniges Erdbeer Eis

Zutaten:
200 g Erdbeeren, zerkleinert
200 g Naturjoghurt
3 Eigelbe
Süßstoff
300 g Sahne

Zubereitung:
Etwa 3 Teelöffel Süßstoff mit dem Eigelb schlagen. Die Sahne steif schlagen. Nun die übrigen Zutaten hinzugeben und vermischen. Eventuell nochmals etwas nachsüßen. In eine Eismaschine geben, bis das Eis gefroren ist.

Mandelmilch Eis

Zutaten:
100 g Mandeln, gemahlen
Mark einer Vanilleschote
1 EL Kokosöl
3 Eigelbe
Süßstoff
500 g Mandelmilch

Zubereitung:
Etwa 3 Teelöffel Süßstoff mit dem Eigelb schlagen. Die Sahne steif schlagen. Nun die übrigen Zutaten hinzugeben und vermischen. Eventuell nochmals etwas nachsüßen. In eine Eismaschine geben, bis das Eis gefroren ist.

Kokos Eis

Zutaten:
100 g Kokosraspeln
50 g Kokosraspeln, gemahlen
3 Eigelbe
Süßstoff
500 g Sahne

Zubereitung:
Etwa 3 Teelöffel Süßstoff mit dem Eigelb schlagen. Die Sahne steif schlagen. Nun die übrigen Zutaten hinzugeben und vermischen. Eventuell nochmals etwas nachsüßen. In eine Eismaschine geben, bis das Eis gefroren ist.

Walnuss Eis

Zutaten:
100 g Walnüsse, gemahlen
100 g Walnüsse, gehackt
3 Eigelbe
Süßstoff
500 g Sahne

Zubereitung:
Etwa 3 Teelöffel Süßstoff mit dem Eigelb schlagen. Die Sahne steif schlagen. Nun die übrigen Zutaten hinzugeben und vermischen. Eventuell nochmals etwas nachsüßen. In eine Eismaschine geben, bis das Eis gefroren ist.

Erdbeer Schmand Torte

Zutaten

Tortenboden
110 g flüssige Butter
120 ml Sahne
5 Eier
100 g Mandelmehl
Süßstoff nach Wahl
1 TL Backpulver
1/2 TL Natron
1 Prise Salz
1 Fläschchen Vanillearoma
1 TL Guarkernmehl

Creme
4 Becher Schmand
10 g. Gelatine
Süßstoff nach Geschmack
Mark einer Vanilleschote

Belag
500 g Erdbeeren

Zubereitung
Alle Zutaten für den Boden in eine Schüssel geben. Mit dem Handrührgerät zu einem sämigen Teig verrühren. Eine Backform einfetten und den Teig hineingeben. Bei 160 Grad Umluft ca. 30 Minuten backen.

Die Gelatine in ein Gefäß geben und in ca. 50 g Wasser (kalt) mindestens 10 Minuten quellen lassen. Die übrigen Zutaten für die Creme in eine Schüssel geben und verrühren. Die Gelatine in der Mikrowelle kurz erhitzen und unter die Creme rühren.

Den abgekühlten Boden durchschneiden und mit der Creme füllen. Die Erdbeeren waschen und in Scheiben schneiden. Auf den Kuchen verteilen.

Guten Appetit!

Saftige Kaffee Creme Torte

Zutaten

Tortenboden
110 g flüssige Butter
120 ml Sahne
5 Eier
100 g Mandelmehl
2 EL Backkakao
Süßstoff nach Wahl
1 TL Backpulver
1/2 TL Natron
1 Prise Salz
1 Fläschchen Vanillearoma
1 TL Guarkernmehl

Creme
800 g Sahne
10 g Gelatine
1 EL Backkakao
2 EL Instant Kaffee

1 Tafel Schokolade 85 % Kakao

Zubereitung
Alle Zutaten für den Boden in eine Schüssel geben. Mit dem Handrührgerät zu einem sämigen Teig verrühren. Eine Backform einfetten und den Teig hineingeben. Bei 160 Grad Umluft ca. 30 Minuten backen.

Die Gelatine in ein Gefäß geben und in ca. 50 g Wasser (kalt) mindestens 10 Minuten quellen lassen. Die übrigen Zutaten für die Creme in eine Schüssel geben und verrühren. Die Gelatine in der Mikrowelle kurz erhitzen und unter die Creme rühren.

Den abgekühlten Boden in 3 Scheiben durchschneiden und mit der Creme füllen.

Die Schokolade schmelzen und auf die oberste Tortenschicht geben.

Guten Appetit!

Sahne Schokoladen Torte

Zutaten

Tortenboden
110 g flüssige Butter
120 ml Sahne
5 Eier
100 g Mandelmehl
2 EL Backkakao
Süßstoff nach Wahl
1 TL Backpulver
1/2 TL Natron
1 Prise Salz
1 Fläschchen Vanillearoma
1 TL Guarkernmehl

Creme
800 g Sahne
10 g Gelatine
1 EL Backkakao, gestrichen

Zubereitung
Alle Zutaten für den Boden in eine Schüssel geben. Mit dem Handrührgerät zu einem sämigen Teig verrühren. Eine Backform einfetten und den Teig hineingeben. Bei 160 Grad Umluft ca. 30 Minuten backen.

Die Gelatine in ein Gefäß geben und in ca. 50 g Wasser (kalt) mindestens 10 Minuten quellen lassen. Die übrigen Zutaten für die Creme in eine Schüssel geben und verrühren. Die Gelatine in der Mikrowelle kurz erhitzen und unter die Creme rühren.

Den abgekühlten Boden in 3 Scheiben durchschneiden und mit der Creme füllen.

Guten Appetit!

Heidelbeere Kokos Torte

Zutaten

Tortenboden
110 g flüssige Butter
140 ml Sahne
5 Eier
100 g Mandelmehl
50 g Kokosraspeln
Süßstoff nach Wahl
1 TL Backpulver
1/2 TL Natron
1 Prise Salz
1 Fläschchen Vanillearoma
1 TL Guarkernmehl

Creme
200 g weiche Butter
½ TL Guarkernmehl
600 g Frischkäse
Süßstoff nach Wahl
100 g Kokosraspeln
Heidelbeeren

Zubereitung
Alle Zutaten für den Boden in eine Schüssel geben. Mit dem Handrührgerät zu einem sämigen Teig verrühren. Eine Backform einfetten und den Teig hineingeben. Bei 160 Grad Umluft ca. 30 Minuten backen.

Die Zutaten für die Creme in eine Schüssel geben und verrühren.

Den abgekühlten Boden in3 Scheiben durchschneiden und mit der Creme füllen.

Guten Appetit!

Mandel Cupcakes mit Vanille Häubchen

Zutaten

Teig
200 g Quark
50 g Butter
5 Eier
200 g gemahlene Mandeln
1 TL Backpulver
Süßstoff nach Geschmack

Frosting
100 g weiche Butter
100 g Frischkäse
Mark einer Vanilleschote
Süßstoff nach Geschmack

Zubereitung
Den Ofen auf 180 Grad Ober- und Unterhitze vorheizen. Die Eier trennen und das Eiweiß steif schlagen. Nun das geschlagene Eiweiß beiseite stellen. Die übrigen Zutaten für den Teig in eine Schüssel geben und mit dem Handrührgerät zu einem sämigen Teig vermischen. Das Eiweiß unterheben. Ein Muffinblech mit Papierförmchen auskleiden und jeweils bis zur Hälfte mit Teig füllen. Die Muffins ca. 20 Minuten backen. Abkühlen lassen. Die Zutaten für das Frosting in eine Schüssel geben und vermischen. ½ Stunde im Kühlschrank stehen lassen. Alles in einen Spritzbeutel füllen und hübsch auf die Küchlein drapieren. Guten Appetit!

Schokoladen Himbeere Cupcakes

Zutaten

Teig
200 g Quark
50 g Butter
30 g Backkakao
5 Eier
200 g gemahlene Mandeln
1 TL Backpulver
Süßstoff nach Geschmack

Frosting
100 g weiche Butter
100 g Frischkäse
30 g Himbeeren, zerkleinert
1 Messerspitze Bindobin
Süßstoff nach Geschmack

Zubereitung
Den Ofen auf 180 Grad Ober- und Unterhitze vorheizen. Die Eier trennen und das Eiweiß steif schlagen. Nun das geschlagene Eiweiß beiseite stellen. Die übrigen Zutaten für den Teig in eine Schüssel geben und mit dem Handrührgerät zu einem sämigen Teig vermischen. Das Eiweiß unterheben. Ein Muffinblech mit Papierförmchen auskleiden und jeweils bis zur Hälfte mit Teig füllen. Die Muffins ca. 20 Minuten backen. Abkühlen lassen. Die Zutaten für das Frosting in eine Schüssel geben und vermischen. ½ Stunde im Kühlschrank stehen lassen. Alles in einen Spritzbeutel füllen und hübsch auf die Küchlein drapieren. Guten Appetit!

Kokos Kuchen

Zutaten
200 g weiche Butter
50 g Sahne
100g gemahlene Mandeln
100g Eiweißpulver
150 g Kokosraspeln
3 Eier
Süßstoff nach Geschmack
2 TL Backpulver
Mark einer Vanille Schote

Zubereitung
Den Backofen bei Ober und Unterhitze auf 180 Grad vorheizen. Eine Kuchen Backblech entweder gut einfetten, oder mit Backpapier auskleiden. Alle Zutaten in eine Schüssel geben und mit dem Rührgerät zu einem sämigen Teig vermengen. Den Teig in die Form schütten und ca. 1 Stunde backen.

Beschwipster Kuchen

Zutaten
200 g weiche Butter
150 g gemahlene Mandeln
110 g Eiweißpulver
30 g Rum
20 g klarer Schnaps
1 Fläschchen Rumaroma
70 g gemahlene Haselnüsse
3 Eier
Süßstoff nach Geschmack
2 TL Backpulver
Mark eine Vanille Schote

Zubereitung
Den Backofen bei Ober und Unterhitze auf 180 Grad vorheizen. Eine Kuchen Backform entweder gut einfetten, oder mit Backpapier auskleiden. Alle Zutaten in eine Schüssel geben und mit dem Rührgerät zu einem sämigen Teig vermengen. Den Teig in die Form schütten und ca. 1 Stunde backen.

Brombeere Macarons

Zutaten

Teig
45 g fein gemahlene Mandeln
70 g fein gemahlener Xucker
36 g geschlagenes Eiweiß
Lebensmittelfarbe

Füllung
100 g Butter, weich
Süßstoff nach Geschmack
30 g Low Carb Brombeermarmelade
oder pürierte Brombeeren

Zubereitung
Den Ofen auf 150 Grad Ober- und Unterhitze vorheizen. Alle Zutaten für den Teig in eine Schüssel geben und vorsichtig mischen. Mischung in einen Spritzbeutel füllen und kleine Häufchen auf eine Macarons Matte geben. Ca. 12 bis 15 Minuten backen. Die Macarons Schalen abkühlen lassen. Nun die Zutaten für die Füllung in eine Schüssel geben und verrühren. Die Schalen damit füllen. Guten Appetit!

Brownies

Zutaten
200 g Butter weich
80 g Kakaopulver zum Backen
Süßstoff nach Geschmack
4 Eier
150 g Mandeln gemahlen

Zubereitung
Alle Zutaten in eine Schüssel geben und verrühren. Ein tiefes Blech mit Backpapier belegen und den Teig draufschütten. Ca. 20 Minuten bei 200 Grad backen und in Stücken schneiden. Wer möchte, kann noch eine Tafel Schokolade 85% schmelzen und die Brownies damit überziehen.

Schoko Cookies

Zutaten
150 g Mandeln gemahlen
120 g Butter
20 g Backkakao
1 Ei
½ TL Natron
Süßstoff
50 g Schokolade 85 % gehackt
1 Prise Salz

Zubereitung
Alle Zutaten in eine Schüssel geben. Mit dem Rührgerät gut durchkneten. Mit zwei Löffeln auf ein mit Backpapier belegtes Blech Teighäufchen geben. Etwas Abstand lassen, da die Cookies etwas auseinander laufen. Bei 200 Grad 15 Minuten backen.

Quarkbällchen

Zutaten
Süßstoff nach Geschmack
80 g Quark
1 Ei
40g Eiweißpulver neutral
1 TL Backpulver
20 g gemahlene Mandeln
etwas Streusüße zum Bestäuben
Fett zum Frittieren

Zubereitung
Das Fett erhitzen. Alle anderen Zutaten, außer die Streusüße in eine Schüssel geben und mit dem Rührgerät vermischen. Den Teig teelöffelweise in das Fett geben. Wenn sie goldbraun sind und oben schwimmen herausnehmen und auf Küchenkrepp abtropfen lassen. Mit der Streusüße bestäuben und genießen.

Leinsamen Mandelbrot

Zutaten
300 g Magerquark
100 g Mandeln gemahlen
100 g Leinsamen gemahlen
20 g Butter
5 EL Weizenspeisekleie
8 Eier
1 TL Salz
1 Pck. Backpulver
2 EL Sonnenblumenkerne

Zubereitung
Alle Zutaten außer den Sonnenblumenkernen in eine Schüssel geben und vermengen. Eine Kastenform mit Backpapier auskleiden und den Teig hinein geben. Mit den Sonnenblumenkernen bestreuen und in den Ofen schieben. Bei 180 Grad ca. 1 Stunde backen.

Nachtrag zum Impressum / Coyright

Shutterstock.com
- Brent Hofacker
- Kogotkova
- Pustinnikova
- Avs
- Ewell
- Zidar
- Phoenix
- Perl 7

Herstellung und Verlag:
BoD - Books on Demand, Norderstedt
ISBN 978-3-7412-4211-3